SPUREN IM SAND
... SPUREN DES LEBENS

Georg Quedens

Fotokunst-Verlag Groh

Georg Quedens

SPUREN IM SAND ...

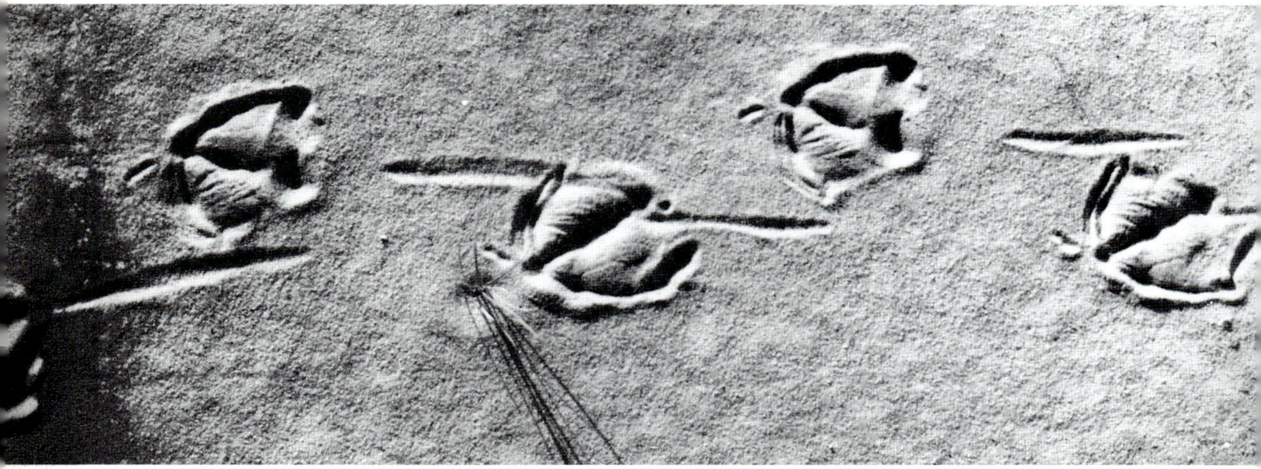

SPUREN DES LEBENS

Spuren im Sand …

Dünen, Strände und Sände am Meer sind im Sommer bevölkert von Menschen, die Spuren ihres Hin und Her und ihrer Spiele hinterlassen – bis der Wind und der Regen oder die Zeit alles wieder verwehen und verwischen.

In dieser Meereslandschaft sind auch Tausende von Seevögeln und anderen Tieren unterwegs – Möwen, Eiderenten, Wildkaninchen, Austernfischer, Brandgänse, Strandschnecken und sonstiges Seegetier. Ihre Spuren gehen eigenartige Wege, kreuzen und begegnen sich und reizen zum Nachdenken darüber, welche Parallelen es dazu im menschlichen Leben gibt.

… **Spuren des Lebens**

Aber auch Wind und Wellen formen ihre Bewegungen in den Sand. In den Dünen wechseln scharfe Kanten des Windschliffs an den Hängen mit dem rinnenden Sand hochgewehter Wanderdünen. Und wo in Tälern einfallende Winde küseln, zeichnen die langen Halme von Strandhaferbüscheln exakte Kreise in den Sand, während sich auf großflächigen Wanderdünen Rippelmarken bilden, ähnlich den Wellenrippeln am Strand. Nichts ist im Dünensande von Dauer, und oft ändert sich von Stunde zu Stunde das Bild im Kleinen – im Großen von Jahr zu Jahr. Eine Landschaft ewigen Wandels.

Auf Sänden und Stränden hat der Wind freies Spiel, und in langen Schlieren stieben die Körner dahin und verlieren sich irgendwo am

Stranddünenwall. Oder bleiben im Lee von Muschelschalen und Strandgut liegen, bilden Sandfahnen und sichelförmige Barchane.

Wie der Wind prägt auch das Wasser seine Bewegungen in den Sand. Die Ebbe hinterläßt am Strande und im Watt ein verwirrendes Muster von Rippelmarken, die Wellenschlag und Strömungslauf gebildet haben.

Aber auch hier sind Wind und Wellen bald über alles hin und von den Spuren ist keine Spur mehr vorhanden. Und wir denken und sagen mit Hermann Hesse:

„Das Schöne zieht einen Teil seines Zaubers aus der Vergänglichkeit."

Wer die Wege des Lebens meistern will, sollte darauf achten,

gegebenenfalls rechtzeitig die Kurve zu kratzen

und

Ballast

abzu werfen ...

... Hindernisse

geschickt

zu umgehen

oder

mutig

zu überwinden ...

... und sich selbst und anderen

keine Steine in den Weg zu legen.

Auf allen Wegen
sollte man
die „Wegweiser"
im Auge behalten,

Wildkaninchen,
nachts unterwegs

sich von festen Grundsätzen leiten lassen ...

... bei wechselnder Windrichtung nicht seine Meinung ändern

Austernfischer umkurvte Strandhaferhalme

und Widerständen entschlossen begegnen ...

Austernfischer, kurzfristig gebremst von einem Trockenzweig

... vor einem Urteil alles genau untersuchen

Austernfischer zerteilte eine Strandkrabbe

und Unwichtigkeiten links liegen lassen.

Rabenkrähe inspizierte Möwenkot

Beim Aufstieg

sollte man nicht

ins Rutschen

geraten

*Austernfischer
beim Auf- und Abstieg
an einem Wanderdünenhang*

und beim Abstieg

nicht den Halt

verlieren ...

... nicht anderen und allem aus dem Wege gehen,

Austernfischer und Sandregenpfeifer rannten aneinander vorbei

sondern sich Zeit nehmen, neue Bekanntschaften zu machen ...

Sich kreuzende Spuren von Eiderente und Austernfischer

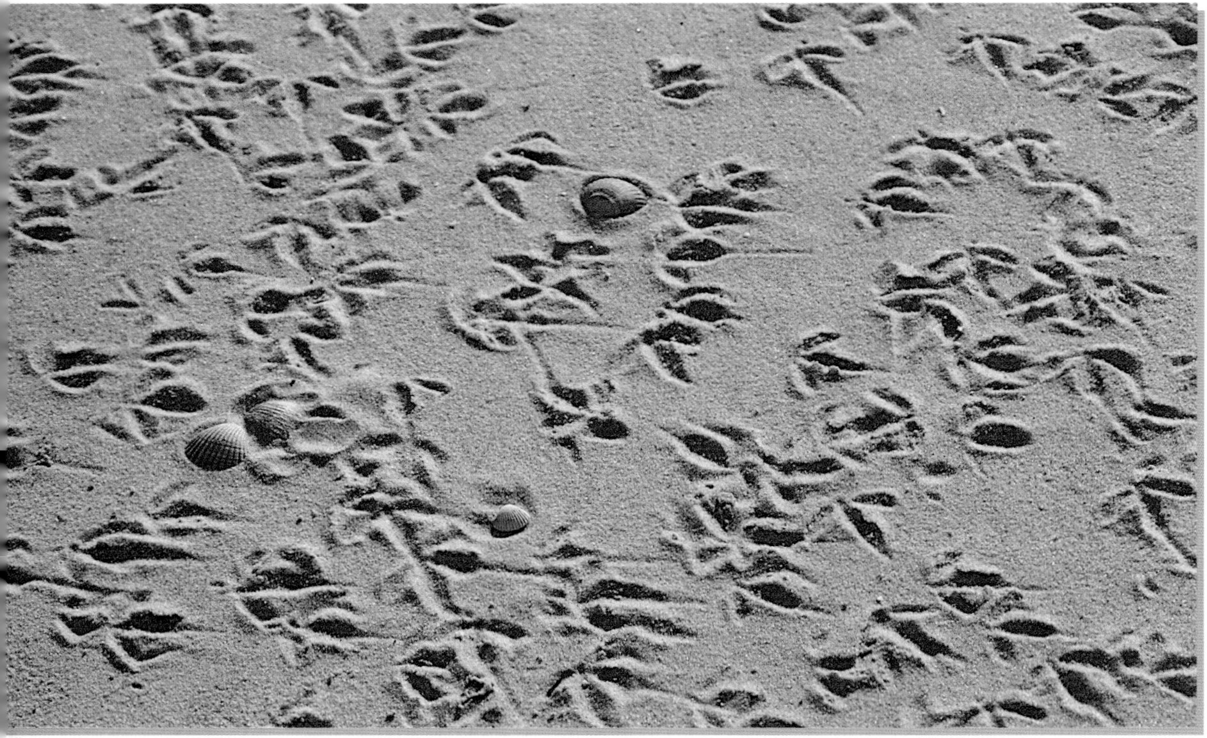

... in der Menge seine Individualität bewahren

Versammlung von Austernfischern bei Hochwasser am Strand

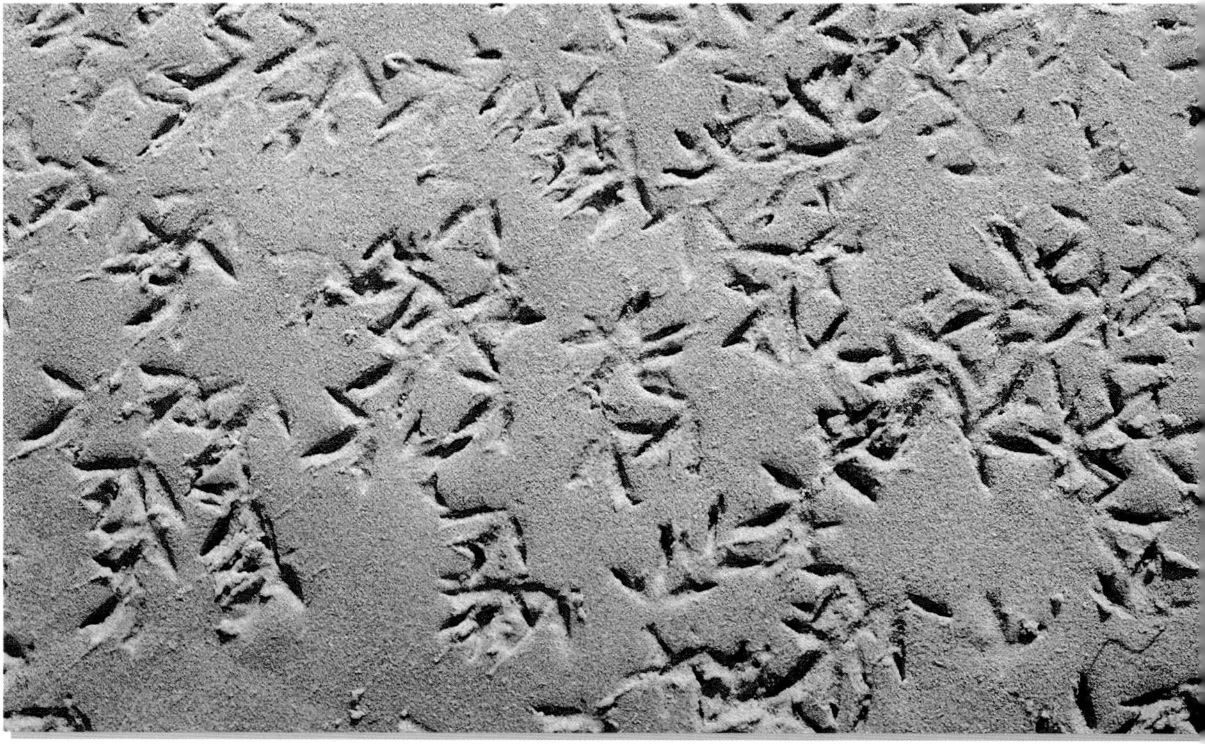

und der Masse nicht nach dem Mund reden ...

... die Jugend zielstrebig in das Leben führen

Eiderente führte ihre Jungen zum Wattenmeer

Austernfischer
mit Jungvogel unterwegs

und geradlinige Wege weisen.

Im Auf und Ab des Lebens
sollte man keine krummen Touren machen,

sondern
auf geraden Wegen
seine Ziele suchen ...

... sich nicht an unsicheren **Abgründen** bewegen,

aber wissen wollen, was hinter Hügeln und Horizonten verborgen ist.

*Strandhaferbusch
im Wanderdünensand*

In einer ewig
unruhigen Umwelt
sollte man seinen
Standpunkt behaupten

Im Wanderdünensand bleibt kein Sandkorn auf dem anderen.

und alle
Veränderungen
mit Gelassenheit
betrachten.

Nichts bleibt im Leben, wie es war und ist,

*Wenn eine Wanderdüne
zu steil wird, setzt sich
der Sand in Bewegung.*

denn
das Gesetz des Daseins
ist der Wandel ...

... so, wie sich ständig der Wind dreht

Strandhaferhalme formen, den wechselnden Windrichtungen folgend, Kreise in den Dünensand.

Ein Wolkenbruch mit jähem, kurzem Sand-Wasserfluß verewigte sich am Dünenhang.

und Wohl und Wehe
plötzlich in Bewegung
geraten.

Das Leben ist wie Ebbe und Flut,

Die Flut ist verschwunden,
die wildbewegten Wellen
sind geblieben.

und
wie die Wellenrippel
prägen sich
Sorgenfalten ein.

Das Hin und Her des Daseins ist nicht immer in Harmonie,

Wellen und Strömung hinterließen auf dem Sandwatt ein verwirrendes Muster ihrer Bewegung.

Am Strand formten sich durch Wellenschlag scharfkantige Rippelmarken.

man muß auch
die scharfen Kanten
ertragen ...

... spüren, woher der Wind weht,

Über Sände und Strände weht ewiger Wind ...

und manchen Stürmen trotzen …

… und im Wind-Lee von Muschelschalen sammeln sich „Sandfahnen“.

… sich nicht
schrecken lassen
von den Zeichen
der Vergänglichkeit,

Herzmuschel und Strandkrabbe, vom Wind und von letzten auslaufenden Wellen auf den Strand getrieben

denn irgendwann
und irgendwo
enden alle Wege
des Lebens.

Auf weichen Wegen
durch den Wattenschlick

Auch unwegsame
Wege sollte man
mutig beschreiten

und auch einmal gemächlich innehalten ...

Wettlauf der Strandschnecken

… Geborgenheit suchen in den Wellen der Zeit

„Eissterne“ in den Rippelmarken des Strandes

und daran denken, daß jedem Sturm die Stille folgt.

Auf die Sturmflut mit markanten Wellenrippeln folgte die Stille des Winterhochs mit Frost.

Über den Autor

Georg Quedens – geboren 1934 auf Amrum, Fotograf und Schriftsteller, Verfasser von über 50 Büchern zur Geschichte und Natur der Inselwelt und Meereslandschaft Nordseeküste und Wattenmeer.

Begriffserklärungen

Austernfischer – ein häufig vorkommender Vogel im Wattenmeer
Barchane – sichelförmige Sandaufwehungen
küseln – Windkreiseln in Dünentälern
Lee – die dem Wind abgekehrte Seite

Der Abdruck des Zitats von Hermann Hesse auf S.5 und auf der Buchrückseite erfolgt mit freundlicher Genehmigung des Suhrkamp Verlags, Frankfurt am Main.

ISBN 3-89008-724-8
Fotokunst-Verlag Groh, D-82237 Wörthsee bei München
Der Gesamtvertrieb mit Ausnahme für die Nordfriesischen Inseln liegt beim Fotokunst-Verlag Groh.

Layout und Satz: Alfred Worsch, Druck: Fotokunst-Verlag Groh